LES

GRANDS MOULINS

DE LA

BAÏSE & DE LA GÉLISE

AUTOUR DE NÉRAC

DEPUIS LEUR ORIGINE JUSQU'A NOS JOURS

PAR

Jules SERRET

AGEN

IMPRIMERIE VEUVE LAMY

15 SEPTEMBRE 1887

LES

GRANDS MOULINS

DE LA

BAÏSE & DE LA GÉLISE

AUTOUR DE NÉRAC

DEPUIS LEUR ORIGINE JUSQU'A NOS JOURS

PAR

Jules SERRET

AGEN

IMPRIMERIE VEUVE LAMY

15 SEPTEMBRE 1887

LES
GRANDS MOULINS
DE LA
BAÏSE & DE LA GÉLISE
AUTOUR DE NÉRAC
DEPUIS LEUR ORIGINE JUSQU'A NOS JOURS

La meunerie de Nérac contribue depuis plusieurs siècles, à l'alimentation constante des populations du Sud-Ouest de la France. Elle jouit de la plus légitime renommée, à raison de l'ancienneté de son principe et de la supériorité de ses produits répandus soit dans notre zône, soit à l'Etranger.

Ces considérations, toutes du domaine de l'économie industrielle et agricole, présentent un intérêt assez puissant pour rechercher l'origine des belles usines établies sur la Baïse et la Gélise, dans le rayon de Nérac, et connaître les phases diverses de leur existence.

La Baïse naît dans les Landes, du haut plateau de Lannemezan, (Hautes-Pyrénées).

Sa longueur totale est de 260 kilomètres, dont 43 dans le Lot-et-Garonne.

D'une largeur moyenne de 27 mètres.

Son lit repose sur un banc de tuf de profondeur variable, généralement vaseux jusqu'au confluent de la Gélise et à partir de ce point, sabloneux et graveleux.

Ses rives partout très encaissées, sont bordées, entre Nérac et Vianne, de puissantes masses calcaires, au milieu desquelles sont ouvertes les grandes carrières de Roquefond.

De ces roches sortent les meilleures pierres de tailles qui ont été choisies dans l'Agenais, pour la constructions des magnifiques ponts jetés sur la Garonne à Agen, Port-Sainte-Marie et Marmande.

Le débit de la rivière mesure :

A l'étiage,	1	mètre cube	par seconde;
En temps ordinaire,	20	—	—
En crue moyenne,	100	—	—

Aux inondations extraordinaires de 1770 et 1875, de 15 à 1,600 mètres.

Depuis 1861, la Baïse reçoit un surcroît d'alimentation de 1,200 litres, provenant des eaux de la Neste dérivées sur le haut plateau de Lannemezan, à l'aide du canal de Sarrancolin.

Un décret du Président de la République du 14 août 1886, règle le contingent des eaux de la Neste attribuées proportionnellement au Gers, à la Baïse, à l'Arrats, à la Save et à la Gimone.

La Baïse reçoit la Gélise au-dessous de Pont-de-Bordes. Elle est aujourd'hui navigable sur 84 kilomètres entre Saint-Jean-Poutge et la Garonne, grâce à 14 barrages échelonnés pour en relever la pente.

Cinq de ces barrages, appelés primitivement *payssières*, remontent au XIIIe siècle.

Des actes d'une précision historique attestent que les payssières de Buzet, Vianne, Lavardac, Batpaumes et Nérac, sont contemporaines de celles d'Aiguillon, Clayrac, Villeneuve, Rigoulières et Lustrac, sur le Lot.

D'accord avec les seigneurs et les municipalités riveraines, *Arnaud* Amanieu, sire d'Albret, prit l'initiative de la construction des payssières, des molins et molinates de la Baïse.

Ces barrages étaient formés d'énormes pièces de bois coupées dans les forêts voisines et roulées dans le lit de la rivière à l'endroit de l'estacade. Là, elles étaient fortement entrelacées et retenues par d'énormes blocs de rochers.

Un étroit passage dit *passelis* était ménagé à l'une des extrémités pour le service des bateaux et de l'autre côté, était bâti le moulin à farine.

Telle fut dans sa simplicité, la naissance, au XIIIe siècle, de toutes les payssières destinées à exhausser les eaux de la Baïse et de la Gélise et à fournir une force hydraulique pouvant suppléer aux moteurs des moulins primitifs à bras et à vent.

La canalisation de la Baïse, entre Nérac et la Garonne, était des plus irrégulières, avant le règne d'Henri IV.

Les premiers essais de la rectification du lit des rivières avaient été tentés sous François Ier et appliqués par le célèbre Léonard de Vinci, sur la Vilaine, entre Rennes et Redon.

Sous le ministère de Sully, grand voyer de France, les plans de l'ingénieur italien furent repris et exécutés sur les cinq barrages primitifs de la Baïse (1598, 1599, 1600), de manière à donner aux écluses 28 mètres 20 de longueur
et 4 — 30 de largeur.

Les écluses firent ainsi disparaître les dangers des pertuis

et des passelis. Elles furent manœuvrées à l'aide de poutrelles superposées par les marins eux-mêmes. Ce système dura jusqu'en 1835, époque à laquelle les écluses de Vianne et de Lavardac furent reconstruites et pourvues de vannes et de vantelles, comme elles sont aujourd'hui, avec les dimensions suivantes : Longueur intérieure des sas, 31 mètres 40
Largeur — 5 — 20.

Dix ans plus tard, à Buzet, une nouvelle écluse accolée à l'ancienne, fut bâtie sur le modèle de celle du canal latéral à la Garonne.

Elle a 33 mètres 20 de longueur
et 6 — »» de largeur.

Enfin, le dernier barrage éclusé, établi à Saint-Léger, à l'embouchure de la Garonne, est encore plus spacieux que les précédents.

Cet ouvrage, livré à la navigation le 1er janvier 1881, a coûté 347,000 fr. Il mesure dans le sas intérieur de l'écluse :

38 mètres de longueur,
6 — de largeur,

avec un tirant d'eau de 2 mètres 20 sur le busc d'aval.

Il est fondé à la côte 23 mètres 34, par rapport au niveau de la mer à Royan.

Les bateaux en circulation sur la Baïse sont très nombreux, malgré la concurrence acharnée de la Compagnie du chemin de fer du Midi. Ils sont pontés pour la plupart. Leur longueur maxima est de 27 mètres, leur largeur de 4 mètres 10 et leur tonnage moyen de 100 tonnes.

La traction s'effectue à l'aide de remorqueurs à vapeur ou avec des chevaux. La distance à franchir entre Nérac et Bordeaux est de 154 kilomètres par la Garonne
et de 131 — par le canal.

Le trajet s'effectue en 4 jours. Le prix du fret est de 8 à 9 fr. la tonne, à cause des tarifs exorbitants exigés sur le canal latéral.

Dans la moyenne annuelle de 40,000 tonnes transportées du rayon de Nérac au chef-lieu de la Gironde, les grains et farines entrent pour les deux tiers, à raison de l'importation des blés exotiques qui, suppléent heureusement depuis plusieurs années, au déficit des récoltes indigènes.

En remontant le cours de la Baïse et à 4,750 mètres de son embouchure, se trouve la première des vieilles payssières, celle de Buzet (de Buseto). BUZET.

Elle fut, vers l'an 1264, l'œuvre de *Guilhem de Pins*, seigneur du lieu, en participation avec *Arnaud* Amanieu, sire d'Albret.

Sa destination primitive était de participer à rendre la rivière navigable entre la Garonne et Nérac.

Les héritiers et successeurs de *Guilhem de Pins*, c'est-à-dire les seigneurs de *Rovynhan*, de *Noaillans*, de *Caumont* et de *Flamarens*, rendirent successivement hommage aux rois d'Angleterre, à ceux de Navarre et de France, alors qu'ils percevaient des droits de pêche et péage sur les bateaux et qu'ils entretenaient la payssière de Buzet.

On ne construisit pas de moulin à l'origine du barrage formé de gros bois et de pierres perdues.

L'établissement de la grande usine actuelle date de l'année 1735, ainsi qu'il appert de l'extrait des registres du *Conseil d'État*.

Voici la teneur des lettres patentes délivrées, le 6 décembre 1735, à M. le comte de *Grossoles* de Flamarens :

« Vu au Conseil d'État du Roi, le mémoire présenté par

« le sieur Chavron, ingénieur des ponts et chaussées de la « généralité de Bordeaux, tendant à ce qu'il plaise à Sa Ma- « jesté, lui faire don du terrain qui est à côté et joignant « l'écluse de Buzet, consistant en 20 toises de largeur et « 80 toises de longueur et lui accorder la permission d'y « faire construire un moulin à quatre meules, avec les bâti- « ments et aisances nécessaires conformément au plan par « lui présenté pour en jouir par lui, ses successeurs et ayant « cause et en disposer à sa volonté, à la charge par eux de « rétablir la digue de ladite écluse et de l'entretenir tant « que le moulin subsistera, ledit mémoire envoyé au sieur « Boucher, intendant et commissaire départy dans la géné- « ralité de Bordeaux, pour entendre ceux qui pouvaient avoir « des raisons de s'opposer à cette demande. Le procès-ver- « bal dressé en conséquence par ledit sieur Intendant, dans « lequel sont rapportés les moyens du sieur Chavron, fondés « sur l'utilité du public et du commerce, les oppositions du « sieur marquis de Flamarens en qualité de seigneur de Bu- « zet, du sieur abbé Desalaberg, en qualité de prieur et sei- « gneur du même lieu, du sieur duc de Bouillon, lequel en « qualité de duc d'Albret, se prétend seigneur suzerain de « tout le terrain joignant l'écluse de Buzet, des marchands « et négociants de la ville de Nérac, ensemble des « villes de Nérac, Condom et Mézin. Vu aussi l'arrêt « du Conseil du 19 juillet 1735, portant que par tel ingé- « nieur qui sera nommé par ledit Intendant et commis- « saire départy, en la généralité de Bordeaux, il sera dressé « procès-verbal de l'état de la rivière de Baïse, à l'écluse de « Buzet, à l'effet de constater, si la construction d'un moulin « sur ladite écluse ne peut nuire en aucune manière à la « navigation, pour le dit procès-verbal rapporté avec l'avis « dudit sieur Intendant, être ordonné ce qu'il appartiendra; « le procès-verbal dressé en conséquence, par le sieur de « Touros, ingénieur en chef des forts de la ville de Bor-

« deaux, duquel il résulte que la construction dudit moulin « ne pourra porter aucun préjudice à la navigation, en ob- « servant par le commissaire, les conditions y portées.

« Vu pareillement une requête présentée par le sieur mar- « quis de Flamarens, tendant à ce qu'il plaise à Sa Majesté, « en cas qu'il soit jugé qu'il n'y a aucune raison qui puisse « empêcher la construction d'un moulin à Buzet, lui accor- « der la préférence de la concession, attendu qu'il est sei- « gneur de Buzet et même propriétaire du terrain nécessaire « pour y faire construire ledit moulin ; auquel cas il se « soumet à réparer et entretenir la digue et tenir le dit « moulin en fief de Sa Majesté, sous telle charge qu'il jugera « à propos de lui imposer à mutation.

« Ouï le rapport du sieur Orry, conseiller d'Etat et ordinaire « au Conseil royal, contrôleur général des finances,

« Le Roy, en son Conseil, a permis et permet audit sieur « marquis de Flamarens, pour lui, ses hoirs, successeurs et « ayant cause de faire construire sur la digue et joignant « l'écluse de Buzet, dans l'espace de dix toises de largeur « attenant le lit de la rivière, sur 80 toises de longueur, un « moulin à quatre roues, en telle forme et manière qu'il ju- « gera convenable ; lequel moulin et lieux en dépendant il « tiendra à foy et hommage de Sa Majesté, à cause de son « duché de Guyenne, sous la redevance d'un Epervier, à « chaque mutation de vassal et aux charges et conditions « suivantes : Ledit sieur marquis de Flamarens sera tenu de « relever ladite digue de trois pieds plus haut qu'elle n'est « actuellement — de la réparer et entretenir, ainsi que l'é- « cluse, en telle sorte que la digue et l'écluse soient toujours « en bon et suffisant état, pour le fermier de la navigation de « ladite rivière de Baïse — lesquelles augmentations et répara- « tions, ledit sieur de Flamarens sera tenu de faire faire « dans l'année à compter du jour du présent arrêt — pour

« être ensuite vues et visitées par le sieur de Touros, fils, que « Sa Majesté a commis à cet effet — et être par lui reçues, « si elles sont bien faites conformément à son procès-verbal « des 21, 22 et 23 octobre dernier — et fera faire en sa pré- « sence ledit sieur Touros, une marque à l'écluse, à telle hau- « teur que lorsque l'eau ira jusqu'à ladite marque, il en « reste dans la dite rivière, un pied de plus qu'il n'en faut « pour la navigation des bateaux. Fait, Sa Majesté, défense à » ceux qui seront préposés pour le service du moulin et de « l'écluse, de laisser aller l'eau plus bas que ladite marque, « à peine de tous dommages et intérêts et de cent livres d'a- « mende, desquelles les propriétaires du moulin demeure- « ront responsables et seront sur le présent arrêt, toutes « lettres nécessaires expédiées. »

Fait au Conseil d'Etat du Roy tenu à Versailles, le 6e jour de décembre 1735.

Signé : AYXARD.

L'usine de Buzet, soigneusement bâtie sur la rive droite, fut d'abord appropriée pour mettre en mouvement 4 paires de meules, à l'aide de rouets à cuve, sous une pression de 9 pieds de chûte.

Pendant la période de la Restauration, elle fut d'autant mieux entretenue qu'elle fonctionna sous la direction de son seigneur et maître, M. *Agésilas-Joseph de* GROSSOLES.

Celui-ci étant mort sans enfant, le 21 mars 1818, le moulin passa à damoiselle *Jeanne-Madeleine-Joséphine de* GROSSOLES, fille de son cousin et mariée à M. *Louis-Amable-Christophe de* BEAUMONT, petit-neveu du célèbre Christophe de Beaumont, archevêque de Paris de 1740 à 1781.

Lors de son décès, le 29 juin 1843, M. de Beaumont laissa 2 fils, savoir :

1º M. *Antoine-Jean-Baptiste Amblard*, né en 1801 et marié

avec Mlle *Françoise-Thaïs* de Perrochel dont il eut une fille unique *Pauline-Françoise-Marie* qui épousa, le 9 avril 1852, M. *Alfred-Adrien* comte de Noailles ;

2° *Amable-Amédée*, marié en 1829, avec sa cousine *Elisabeth* de Beaumont, domiciliée à Pau.

Le partage de la succession de la veuve *Joséphine* de Grossoles eut lieu le 24 août 1850. Le moulin resta indivis entre les deux frères.

Durant l'indivision, l'usine fut surélevée de 4 étages. Une belle turbine y fut installée par M. Dietz, mécanicien de Bordeaux, pour mettre en marche 6 nouvelles paires de meules et profiter de l'exhaussement de 0 mètres 70 effectué sur la crète du barrage en 1846, par les ingénieurs des ponts et chaussées. L'ancienne force des rouets à cuve fut appliquée à la commande de nouveaux appareils de criblages et de bluteries.

Le moulin devint ainsi une minoterie des plus complètes et sa transformation occasionna environ 200,000 fr. de dépenses.

Dans ces conditions, l'usine fut successivement affermée : du 24 juin 1818 au 24 juin 1849, à MM. *Caupenne* frères, de Buzet, moyennant 8,500 fr. de redevance annuelle ;

De 1849 à 18.., à M. *Urbain Dubédat*, de Vianne ;

De 18.. à ...., à M. *Dubord*, de Nérac.

En 1861, M. *Amédée* de Beaumont, devenu seul propriétaire, en vertu d'un partage de famille, vendit le moulin par contrat passé le 5 décembre 1861, en l'étude de Me Mellac, notaire à Nérac, moyennant 155,000 fr. :

1° A M. *Etienne* Coumeau, père, marié avec Mlle *Louise-Anaïs* Marassé.

2° A M. *Alfred* Coumeau, fils aîné du précédent et marié à Mlle Monthus (de Lavardac).

3° A M. *Etienne* COUMEAU, fils jeune et marié à Mlle *Jeanne-Céphalide* MARIDAN.

Chacun pour un tiers indivisement.

M. Coumeau père mourut à Nérac, le 8 mars 1864.

Le moulin de Buzet comprenait alors dix paires de meules et 2 hectares 50 ares de prairies avec de beaux jardins dans son entourage.

La famille Coumeau possédait à ce moment, les plus beaux fleurons de la minoterie Néracaise, avec les usines de Buzet, Vianne et Lavardac.

Le moulin de Buzet fut revendu aux enchères, en l'étude dudit Me Mellac, le

à MM. Pérès, Gage et Ader, banquiers et associés en nom collectif, à Auch, pour 65,000 fr.

Au mois de mai 1877, M. TÈQUE, marchand de chevaux à Tonneins, en fit l'acquisition au prix de 80,000 fr.

VIANNE A 9,722 mètres de Buzet et à 14,472 mètres de l'embouchure de la Garonne, on rencontre la payssière de *Vianne*, de l'époque primitive mentionnée plus haut.

Elle fut transformée en barrage éclusé pendant les années 1598-1599 et en digue étanche, en 1834-1835, avec sas d'écluse agrandi, mesurant, comme à celle de Lavardac remaniée aux mêmes dates :

5[m] 20 de largeur
et 31[m] 40 de longueur.

Un moulin à 3 paires de meules et sur un simple rez-de-chaussée y fut accolé sur rive gauche, dès l'origine.

Au moyen-âge, l'église romane de Sainte-Marie *de Villa longa* était le centre d'une paroisse importante, dépendant de la mouvance de *Vital* Gontaud de Biron, seigneur de *Montgaillard*, vers 1230.

Ce haut et puissant tenancier eut pour héritière l'une de ses deux filles, Vianne de Gontaud, qui épousa *Arnaud* Amanieu, sire d'Albret.

D'après les *Registres de l'Abbaye de Condom*, cette dame fut séparée de son mari, le 22 septembre 1268, en vertu d'une bulle du Pape Clément IV.

Mais après la mort de ce Pontife, Vianne de Gontaud fit des instances auprès de Grégoire X, son successeur. Elle obtint en 1272, la suppression de la sentence dont elle avait été frappée et de plus, la faculté de rentrer en possession de sa dot.

Restée seule, sans enfants, elle légua le domaine de *Montgaillard* et ses dépendances, au fils de sa sœur nommé Jourdain de l'Isle et elle mourut à Condom, le 21 février 1280.

Obéissant aux tendances de son temps, *Jourdain* de l'Isle se concerta avec Jehan de Grailly, sénéchal d'Agenais, pour le roi d'Angleterre, dans le but de fonder sur son domaine, une bastide, à l'image de celle de Gajac (lisez Villeneuve-sur-Lot) et qui porta le nom de Vianne, en souvenir de sa tante *Vianne* de Gontaud.

D'après la convention, un plan très correct, affectant la forme trapezienne, fut tracé dans la plaine de la Baïse, de manière à comprendre la vieille église de Notre Dame de Villa longa et à laisser en dehors de l'enceinte, c'est-à-dire entre les remparts et le lit de la rivière, un chemin de ronde et un espace vague et suffisant pour aboutir au moulin accolé à la payssière.

Ce terrain indépendant fut, dit-on, considéré comme un *Dex*, une sauveté, où les pauvres paysans se réfugiaient lorsqu'ils étaient opprimés et écrasés de charges féodales.

Cette tradition est rappelée dans les coutumes de Vianne, octroyées à Condom, en 1286, par le roi Edouard Ier.

L'exploitation du moulin de Vianne fut livrée suivant l'usage, à des bourgeois du lieu, en vertu de beaux emphythéotiques.

En 1545, LES CHANOINES DU CHAPITRE SAINT-ETIENNE D'AGEN achetèrent le moulin avec le domaine de Montgaillard et ses dépendances.

Le 30 septembre 1747, ils cédèrent leurs droits de propriété à M. de MAUTOR, procureur fondé du sénéchal d'Aiguillon.

Après la Révolution de 1789, le moulin de Vianne ne fut pas inscrit parmi les biens d'émigrés, possédé qu'il était par les hoirs du sieur de Mautor. Mais ceux-ci crurent profitable de l'aliéner en 1796, au sieur MASSÉ et à son gendre, *Pierre* COUMEAU, bourgeois et jurats de Vianne, qui en étaient depuis longtemps les fermiers.

Pierre COUMEAU laissa en mourant à ses deux fils, *Etienne* et *Martial*, sa quote-part de propriété du moulin.

Les deux frères achetèrent, à leur tour, le 5 octobre 1832, à leur oncle, *Jean* MACÉ, moyennant 31,500 fr., la portion indivise de l'usine et en plus, quelques parcelles de terrain aux environs de Vianne.

Etienne hérita de son frère, mort sans enfants, et lui-même mourut le 8 mars 1864, léguant sa fortune à ses deux fils : *Alfred* et *Etienne* COUMEAU.

Enfin, l'usine de Vianne, qui avait été exhaussée de trois étages et assortie d'un moulin à vapeur supplémentaire avec tousles appareils propres à une grande minoterie, fut vendue aux enchères publiques, devant Me Mellac, notaire à Nérac.

Elle fut adjugée à MM. Pérès, Gage et Ader, banquiers à

Auch, et rétrocédée par eux, en mai 1877, à MM. LATOUCHE frères, négociants à Nérac, moyennant 33,483 fr.

Ce beau moulin a été complètement transformé en 1886, par les soins des nouveaux tenanciers. Les vieux mécanismes ont disparu pour faire place au système perfectionné des cylindres, d'après les procédés hongrois.

Les minots qui en proviennent sont de qualité extra supérieure. Ils assurent à l'estampe de leur auteur, sur le marché de Bordeaux, une préférence justement méritée.

Il n'est pas indifférent de signaler le pont suspendu sur Baïse, à Vianne, qui a été concédé le 29 avril 1840, jusqu'au 27 décembre 1914. Il rend les plus grands services au moulin et à toute la contrée, en abrégeant le parcours jadis très escarpé de Feugarolles à Lavardac.

A 2.742 mètres, amont de Vianne, apparait sur la rive droite de la Baïse, le beau moulin de Lavardac, en dehors des anciens murs d'enceinte et au débouché du pont gothique, qui était jadis surmonté de trois tours servant d'emblême aux armes de la ville. LAVARDAC.

La chûte du barrage éclusé, mesure 2^m 76, avec un débit moyen de 25 mètres cubes par seconde, par l'effet de la jonction, à Pont-de-Bordes, des eaux de la Gelise avec celles de la Baïse. L'usinier, ainsi favorisé, met en activité cinq paires de meules et tous les appareils utiles à la fabrication des minots étuvés.

Nous détachons de notre notice publiée le 1er mars 1887, les détails ci-après relatifs à ce moulin.

D'après le manuscrit de Wolfenbuttel, déposé à la Tour de Londres, AMANIEU V, sire d'Albret, possédait, par indivis, en 1251, les sept dixièmes du *molin* de *Laverdac* avec *Arnal-*

dus Lupus, chevalier, seigneur du lieu. La petite-fille d'Amanieu V, nommée Assalide d'Albret, se maria le 1er may 1278 à Ceutulle III, comte d'Astarac et lui porta en dot, entre autre fief, la quote part du molin de Laverdac.

Bernard d'Astarac, son fils, retrocéda, le 3 juin 1306, à son oncle, Amanieu VII, la majeure partie des biens de sa mère, Assalide et de ce nombre les sept dixièmes du molin.

En 1315, *Jehanne* de Bourdeaux, dame de Laverdac, héritière d'Arnaldus Lupus, fut tenue en 1317 et 1329, de rendre foi et hommage à Edouard III, roi d'Angleterre, alors souverain dominant de l'Albret.

En 1524, un procés s'éleva entre le roi de Navarre, Henri III, représenté par Jehan *Rocaing*, son procureur fondée d'une part, et damoiselle Anne, *dame de Laverdac*, représentée par Pierre *Preyssat*, son procureur spécial, d'autre part, au sujet de la jouissance indivise des rentes et des fermages et aussi des réparations urgentes à exécuter à l'usine profondément dégradée par cinq inondations terribles et successives.

Ce litige prit fin sitôt après l'avènement d'*Antoine* de Bourbon, mari de Jehanne III d'Albret, par une transaction signée en l'étude de Me Elias Martin, notaire royal à Nérac, la veille de la Sainte Catherine de l'an du Seigneur 1555.

Jehan Preyssat, petit-neveu du précédent, jurat de Lavardac, était fermier emphytéotique du moulin, lorsqu'il se renditacquéreur, le 23 juin mil cinq cent septante sept, des trois dixièmes délaissés aux hoirs d'Anne de Laverdac, décédée dans la ville et cité de Bourdeaux.

Cet acte fut enregistré aux Insinuations de la Sénéchaussée d'Albert. Il stipulait le prix principal de sept mille trois cents livres 8 sols et 10 deniers, payable dans 20 ans, avec intérêts égaux, exigibles à la Saint-Jehan et à la Sainte-Catherine, y compris les honneurs et devoirs envers le Duc.

Une grosse en parchemin de ce contrat fut délivrée au chevalier *Amanieu* DE CHAMBOREL, seigneur de Xaintrailles, à raison d'un prêt à long terme consenti par ledit seigneur au meunier de Lavardac.

A ce titre fut plus tard annexé :

1° La transmission de la propriété des trois dixièmes du moulin sur la tête du sieur *François* LABRUNETIÈRE, bourgeois et consul de Lavardac et arrière petit-fils de Jean Preyssat, (7 mars 1701.)

2° La quittance dudit capital, plus les revenus des moutures et arrérages dûs par le dit meunier, dans la personne d'*Anthoine* MONTHUS, marié le 20 mai 1751, à la petite-fille du précédent.

Cette quittance, pour solde de tout compte, fut passée le 22 juin 1751, au nom de haute et puissante dame *Jehanne-Gabrielle* DE XAINTRAILLES, veuve de haut et puissant seigneur *Armand-Joseph* DE LUSIGNAN, au château de Xaintrailles, par devant Me Dubédat notaire.

En 1805, M. le comte *Villeneuve* de BARGEMONT, sous-préfet de Nérac, compulsa les archives du château de Xaintrailles, pour tracer l'histoire de cet arrondissement. Il écrivit plusieurs annotations sur des feuilles qui furent intercallées avec ses initiales, dans le dossier du moulin de Lavardac.

Par une faveur spéciale, Madame *Adelaïde* d'AYMARD de CHATEAURENARD, veuve en 1844, de M. *Armand François Maximilien* de LAU, marquis de LUSIGNAN, permit à l'auteur de la présente notice, pendant le mois de Septembre 1860, d'explorer les archives historiques du Château, et d'en extraire la relation ci-incluse, des anciens rapports des meuniers de Lavardac avec les seigneurs de Xaintrailles.

De 1751 à la Révolution de 89, et longtemps après, la famille Monthus a joui paisiblement de la possession non interrompue du moulin de Lavardac.

En 1825, il ajouta une nouvelle paire de meules aux trois paires qui existaient depuis l'origine, en conservant la même hauteur des radiers sur le nouveau coursier;

Il exhaussa successivement les bâtiments de trois étages, afin de loger les appareils de nettoyage, de blutterie, et uné étuve indispensables à la fabrication des minots destinés à l'exportation.

Quelques années plus tard, les compagnies de navigation de la Baïse, dont le centre d'activité a toujours résidé à Lavardac, réclamèrent un plus fort tirant d'eau dans leur port, dépendant du bief de Saint-Crabary à Lavardac, sur 2,650 mètres d'étendue.

MM. Dumon et Duthil, députés de Lot-et-Garonne, saisis de leurs doléances, obtinrent en 1844, l'exhaussement du barrage de Lavardac, afin d'élever le tirant d'eau de 0m50 dans ledit bief et de donner satisfaction aux intérêts généraux du pays.

Une protestation contre cette modification se produisit de la part du meunier de Lassérens sur Gélise.

Il prétendit que les coursiers de son usine seraient engorgés : — Mais cette opposition fut de courte durée, lorsqu'il vit l'accès des bateaux, rendu plus praticable, sous le tiresac de son moulin, par un chenal spécial qu'il avait toujours jugé impossible.

La côte des seuils aval des coursiers du moulin de Lavardac n'a jamais varié depuis la fondation du moulin à 3 meules.

En 1844, si l'exhaussement de la digue a été motivé par les réclamations de la battellerie, cet exhaussement est d'un intérêt d'ordre public. Il profite à la fois à la navigation et à la meunerie locale;

Quant aux princes de Navarre, il convient de rappeler que la première réunion du duché d'Albret à la couronne de France eût lieu par un Edit de Juillet 1607, malgré les intentions personnelles d'Henri IV, et son vif désir de le distraire de la Maison de France.

Il dut céder, à ce propos, à la pression du Parlement de Paris, qui refusa d'enregistrer l'Edit du 13 Avril 1590, lequel réservait et séparait le duché d'Albret de l'unité du domaine royal.

Le 20 Mars 1651, Louis XIV échangea par contrat, avec le duc de Bouillon, les principautés de Sedan et de Reaucourt possédées par ce dernier : « Contre le duché pairie d'Albret, « ses appartenances et dépendances et annexes adjugées à « défunt prince de Condé, par les commissaires à ce députez, « le deuxième jour de May 1641, avec la baronnie de Du« rance, située au dit duché d'Albret. »

Après 1789, quoique le dernier duc de Bouillon ne fut pas émigré, le domaine d'Albret fut séquestré par une loi du 10 Frimaire an II (30 Novembre 1793).

Le 8 Floréal an II, la Convention décréta la révocation de l'échange opéré le 20 Mars 1651, entre Louis XIV et le duc de Bouillon.

La République entra, dès cet instant, en possession de toutes les parties du domaine d'Albret et des principautés de Sedan et de Reaucourt qui, avaient fait l'objet dudit échange.

Une décision du Conseil des Anciens, du 7 Nivôse an V, fit tomber le séquestre du 11 Prairial an II.

Mais, un arrêté du Directoire exécutif, du 9 Fructidor an VI, frappa le duché Albret d'un second sequestre.

Sous le Consulat, un arrêté du 1er Germinal an VIII rendit au duc de Bouillon, les biens séquestrés à son préjudice ;

cette restitution ne fut pas de longue durée, car à son décès, un nouvel arrêté des Consuls, du 20 Frimaire an XI, prescrivit un troisième séquestre.

Enfin, un décret impérial du 3 juillet 1807, dispose que le duché d'Albret séquestré, serait réuni au domaine de l'Etat.

Les péripéties de séparation et de rattachement de l'ancien duché d'Albret à l'unité française, indiquent combien cette mesure politique fut l'objet de controverses dans la direction des divers gouvernements, depuis l'Edit du 13 Avril 1590 jusqu'au 3 Juillet 1807.

En ce qui touche le moulin de Lavardac, les documents ci-dessus démontrent clairement que depuis 1251 jusqu'après 1789, les sires d'Albret ont possédé sans interruption les sept dixièmes de cette usine, tandis que les trois autres dixièmes étaient détenus par les seigneurs de Lavardac et par leurs successeurs légitimes. Mais la conséquence essentielle à retenir, touche à l'unification de tous les droits de propriété, à partir de 1789.

Le prince Léopold de la Tour d'Auvergne, dernier duc d'Albret, résidait en France, lorsque le démembrement et l'aliénation en détail de son domaine commença, sur l'initiative du Directoire du département de Lot-et-Garonne.

Les pièces suivantes, extraites des Archives départementales, section des *Biens nationaux*, méritent la plus sérieuse attention.

Pièce N° 177. — (Copie littérale).

« Aujourd'hui, dix-huitième du mois d'Avril 1791, Nous « Raymond Dubédat, expert nommé par le Directoire au « district de Nérac, me suis transporté dans la paroisse et

« municipalité de Lavardac et dans un moulin appelé le « moulin de Lavardac, sur la rivière de Baïse, dont les sept « dixièmes sont *biens domaniaux* et les trois autres dixiè- « mes, auxquels est compris le logement du munier, appar- « tiennent au sieur Monthus, munier actuel du dit moulin et « desquels sept dixièmes, le dit Monthus munier a fait sa « soumission, pour les acquérir comme biens domaniaux.

« Et après avoir parcouru le dit moulin et examiné en son « entier, avec toute l'attention possible, ai estimé les sept « dixièmes du dit moulin, auxquels il n'y a absolument d'autre « dépendance que la partie du corps du dit moulin, ainsi « qu'il nous a été rapporté, d'après les renseignements que « j'en ai pris, ai estimé, dis-je, les sept dixièmes, à la somme « de vingt-six mille livres.

« Le dit moulin étant composé de trois meules en son « entier.

« Et de ce dessus, ai dressé le présent procès-verbal que « j'ai signé, les dits jours, mois et an que dessus. Signé : « Dubédat, expert du cantoun de Nérac.

Article 6. — Moulin de Lavardac.

« Ce jourd'hui 14 May 1791, a été fait lecture du sixième « article porté sur la dite affiche, comprenant les *sept dixiè-* « *mes du moulin de Lavardac,* et les *sept dixièmes de* LA « DIGUE *du dit moulin,* ci-devant *dépendant* DES DOMAINES DE « LA COURONNE *et soumis à l'administration des ci-devants* « *trésoriers de France.* »

« Les trois dixièmes restant, étant une propriété du sieur « Monthus. »

« Le dit moulin situé sur la rivière de Baïse, au confluent

« de la rivière de Gélise et moulant à trois meules, sur le-
« quel le sieur Monthus cadet, habitant à Lavardac, a fait
« soumission et offert, d'après l'estimation des experts, la
« somme de vingt-six mille livres.

« Et la municipalité de Lavardac, n'ayant point envoyé de
« commissaire, quoique invitée, a été allumée une petite
« bougie qui s'est consumée, sans que personne se soit pré-
« senté pour enchérir.

« Nous avons renvoyé pour l'adjudication définitive, au dé-
« lai prescrit par la loi.

« A cet effet, nouvelles affiches seront posées et avons si-
« gné, avec le dit sieur procureur syndic et le secrétaire,
« non le dit sieur Monthus, soumissionnaire pour être ab-
« sent.

« Signés : Labenne, président, Rigade administrateur,
« Mellac, J.-P. Dugarcin ; — Berrette, procureur, — Dufa-
« get, secrétaire. »

N° 6.

Registre des ventes des biens domaniaux depuis le 24 Octobre 1791, jusqu'au 29 Février 1792.

NÉRAC.

« Ce jourd'hui, 17 Février 1792, ont comparu par devant
« nous administrateur du Directoire du district de Nérac.

« MM. *Jean Baptiste* PERRIBÈRE et *Pierre* GIMET, aîné négo-
« ciants, habitant la présente ville.

« Lesquels ont dit, que par notre procès-verbal du 25 Juin
« 1791, il se sont rendus adjudicataires, conjointement avec

« le sieur *Henri* Monthus, Cadet, des sept dixièmes du moulin « de Lavardac ci-devant dépendant du domaine de la Cou- « ronne, savoir :

« Les dits sieurs comparants des cinq dixièmes et le sieur « Monthus des deux dixièmes et le tout, moyennant le prix « de 45,200 livres, ce qui fait pour la portion adjugée aux « dits sieurs comparants, la somme de 32,285 livres 14 sols « 3 deniers et 3/4 de deniers.

« Et pour le sieur Monthus, celle de 12,914 livres 5 sols « 8 deniers et 4/10 de deniers.

« Que les dits sieurs comparants n'auraient pas manqué « de payer les 30 pour cent prescrits par la loi, si par une « clause expresse de la dite adjudication, ils n'eussent été « chargés de rembourser au dit sieur Monthus, concession- « naire ou détenteur, la finance primitive avec les acces- « soires.

« De tout quoi sera justifié par le sieur détenteur.

« Qu'ils attendaient avec impatience que la liquidation de « ces objets fut faite, afin de pouvoir satisfaire à leurs en- « gagements ; — que le Directoire y procéda le 10 Octobre « dernier. Mais le Directoire du département ne donna sa « décision que le 18 Novembre suivant, dont ils n'ont eu con- « naissance que le 23 Janvier dernier, par la lettre de M. le « Procureur Général syndic ; — De sorte, que, les fonds des- « tinés à ce payement ont demeuré oisifs entre leurs mains, « malgré leur bonne volonté de s'acquitter ; — mais que ce- « pendant, désirant se conformer à la loi du 16 Octobre 1791, « relative au nouveau mode de payement des domaines na- « tionaux, ils déclarent qu'ils vont payer dès aujourd'hui, « entre les mains du Receveur de ce district, la somme de « 12,000 livres, c'est-à-dire 6,000 livres chacun. Mais que « quant aux intérêts de ce premier à-compte, ils croient « qu'ils ne peuvent pas en devoir, par la raison que malgré

« leur bonne volonté d'effectuer ce payement, ils ne l'ont « pu, à cause de la clause insérée dans le procès-verbal d'ad« judication, qui les charge de rembourser au dit sieur Mon« thus, la finance primitive avec les accessoires et qu'ils « étaient obligés d'attendre que cette liquidation en fut « faite.

« Qu'ils espèrent que le Directoire du département aura « égard aux circonstances où ils se trouvaient placés, ayant « les mains liées par cette clause et cet argent étant oisif « dans leur caisse.

« Et pour le restant, qui est de 20,285 livres, 14 sols, 3 de« niers, et 7/10 de deniers.

« Les dits sieurs comparants s'obligent solidairement « l'un pour l'autre, de le verser entre les mains du dit sieur « Receveur, en douze années, en douze payements, un cha« que année, à l'époque du 25 Juin, avec intérêts à cinq pour « cent, sans retenue, promettant en outre, de se conformer « à la loi du 16 Octobre 1791 et autres lois antérieures y « énoncées.

« De laquelle déclaration et soumission, Nous administra« teurs sus-dits, Ouï, et ce consentant, M. le Procureur « syndic,

« Avons donné acte et avons signé avec les dits sieurs « Gimet et Perribère, le Procureur syndic et le Secré« taire.

« Et avant la signature, le dit sieur Perribère déclare « qu'au lieu de la somme de 6,000 livres qu'il a ci-dessus « déclaré vouloir payer ce jourd'hui, il est au contraire dans « l'intention de payer celle de dix mille livres.

« De quoi nous avons aussi donné acte, moyennant ce, le « dit Perribère ne redevra pour final payement de sa por« tion, que 6,142 livres 17 sols 1 denier 5/7 de deniers, si-

« gnés : J. Perribère, P. Gimet fils aîné, P. Dugarcein, « Lespiault, Dufaget, secrétaire, Mellac, substitut du Procu- « reur syndic. »

D'où il résulte que *les sept dixièmes du* MOULIN *de Lavardac, avec les sept dixièmes de la* DIGUE *dudit moulin provenant du morcellement du domaine d'Albret, furent vendus sans aucune exception, ni réserve des droits anciens y afférens, le 17 Février 1792, antérieurement à la proclamation de la République et à la loi du 30 Novembre 1793* (10 Frimaire an II) prononçant le premier séquestre du duché d'Albret.

M. *François* MONTHUS hérita de la moitié du moulin, à la mort de son père *Henri* MONTHUS, cadet et il acheta l'autre moitié, à Mlle *Marthe Justine* PERRIBÈRE, héritière de son père, *Jean-Baptiste* PERRIBÈRE, pour le prix de 30,000 francs, par acte passé le 10 Avril 1846, devant Me Truaut, notaire à Lavardac.

Il aliéna le moulin au profit de MM. *Alfred* et *Etienne* COUMEAU frères, par contrat passé devant Me Mellac, notaire à Nérac, le 17 Décembre 1859.

MM. PÉRÈS, GAGE et ADER, banquiers associés en non collectif, à Auch, se rendirent adjudicataires du moulin, par voie d'enchères, devant Me Mellac, notaire à Nérac, pour le prix de 65,000 francs, et ces derniers revendirent ledit moulin, le 29 Mars 1881, avec toutes ses dépendances à M. *Edmond* CAUPENNE, de Pont de Bordes, pour le prix de 70,000 francs, devant Me Truaut, notaire à Lavardac.

Le grand moulin de *Saint-Christaud*, monté avec tous les appareils perfectionnés et situé à Villeton, sur le canal latéral, dépend de l'usine de Lavardac et la complète parfaitement.

SOURBET. En amont du confluent de la Gélise et de la Baïse et en remontant la magnifique vallée de cette dernière, on arrive au seuil du petit moulin de SOURBET.

Situé à 4.510 mètres de Lavardac, le barrage éclusé y fournit une chûte de 2 mètres 48.

Un registre portant le n° 1538 et déposé aux Archives de la Préfecture d'Agen, contient le procès-verbal d'estimation qui fut dressé le 17 germinal an V, par Jean Pérès, conducteur des travaux publics, expert en titre, assisté de Frix Bacqua, de Nérac.

D'après ce document, le moulin de Sourbet, bâti sur la rive droite, avait été confisqué au profit de la Nation, en vertu de la loi du 28 avril 1792, sur la tête de M. *Henry* de JAUSSELIN, émigré.

« La citoyenne *Marie* BRASSAY-JAUSSELIN, habitante de La-« grange, commune de Nérac, fit soumission pour acheter « ledit moulin, composé : »

« 1° De deux meules à moudre du grain, en mauvais état « ainsi que la digue.

«Ensemble d'un revenu annuel de « qui multiplié par 18, selon la loi, « donne un capital de...........	934 liv.	16.812 liv.
« 2° Maison comprenant deux « chambres, une écurie et un chai, revenu........................	30 × 18 =	540 liv.
« 3° Une cartelade de terre adja-« cente........................	30 × 18 =	640 liv.
TOTAUX DU REVENU....	994 liv.	cap. 18.012 liv.

« Signé: JEAN PERÈS.

« MARIE BRASSAY JAUSSELIN. BACQUA. »

Le moulin ayant ainsi fait retour dans sa famille, M. *Henry-Raymond* de Jausselin, le fit réparer et y ajouta une troisième paire de meules, le 24 avril 1816.

M. le baron de Guyonnet lui succéda.

Le vieux moulin de Batpaumes, distant de 1,335 mètres de celui de Sourbet, est fixé a côté d'une ancienne payssière ayant 1 mètre 87 de chûte. BATPAUMES.

D'après les contrats jadis déposés aux archives du château de Xaintrailles,

Honors de Lusignan, fille de *Vital* de Lusignan, mariée avec *Pierre* Lamarque, vendit en 1242, par contrat devant Mestre Elias, notaire d'Agenois, à *Arnaud-Raymond* de La Mothe, chevalier du Temple et commandeur d'Argentens,

La moytié du molin de Batpaumes, dans la juridiction de Nérac, pour la somme de 55 francs Morlas.

Le 5 avril 1785, par acte passé devant Me Bivès, notaire à Toulouse, une transaction eut lieu au sujet du moulin de Batpaumes, entre le marquis de Lusignan et le grand prieur de Léaumont, commandeur d'Argentens.

D'abord composée de 3 paires de meules, cette usine en reçut une 4e, de la part de M. *Joseph* Mène aîné (de Lasserre) son propriétaire, le 31 janvier 1817.

Plus tard, son successeur, M. Armaignac, y fit installer quelques appareils de minoterie.

Il donna l'usine en dot à sa fille, mariée avec M. le baron *Gaston* de Paillet, de Libourne

Sur la rive gauche de la Baïse, à 1,335 mètres, amont de Batpaumes, fut bâti au milieu du XIIIe siècle, le moulin de Nérac. Accolé à la payssière du même nom, il appartint aux NÉRAC.

seigneurs d'Albret, qui contribuèrent pour les deux tiers à sa fondation.

Sully marqua son passage à la direction des affaires, en prescrivant, de 1598 à 1600, les mesures nécessaires à la canalisation de la Baïse, dans le parcours de Nérac à l'embouchure de la Garonne.

Il ordonna également de réparer à neuf le moulin de Nérac, profondément dégradé par une violente inondation de la rivière, le 21 février 1605.

Le 14 septembre 1682, *Pierre* de Brissac, sieur de Mazères possédait la tierce partie du moulin de Nérac, moulant à 3 meules, avec droits de pêche, ainsi qu'il appert de la relation d'un hommage rendu par lui, au duc de *Bouillon*, vicomte de Turenne, souverain de l'Albret.

Le 15 juillet 1724, *Joseph* de Brissac, sieur de Hordosse et d'Andiran, fils et héritier du précédent, rendit ses devoirs et bailla une paire de gants blancs, ainsi qu'il y était tenu, *au duc* de Bouillon, représenté par Daniel de la Mazerailles, intendant et gouverneur du duché d'Albret.

D'après le procès-verbal de la cérémonie, le sieur de Brissac se présenta «tête nue, genoux à terre, sans épée, ceinture manteau, bottes et éperons, tenant les mains jointes. »

Après la Révolution de 1789, les deux tiers du moulin et de la chaussée faisant partie de l'ancien domaine de la Couronne, furent vendus aux enchères publiques, le 29 janvier 1810, et adjugés pour 23,000 fr. à M. *Mathieu-Lucien* de Brissac.

La famille de Brissac réunit ainsi toute la propriété du moulin et de la digue de Nérac, indivise depuis cinq siècles jusqu'à ce moment.

Les Archives de la Préfecture de Lot-et-Garonne conservent, sous le n° 14, le document suivant relatif aux biens des émigrés de Nérac.

« Estimation du moulin de Nérac, le 2 décembre 1809, par Jean Pérès, expert, assisté de M. Gaudé, maire de la ville.

« Le moulin à eau de Nérac, situé sur la rive gauche de « la Baïse se compose :

« 1° Au rez-de chaussée, de trois meules à moudre du « grain ; à côté dudit moulin et attenant, d'un petit chai ; « au-dessus du rez-de-chaussée, de quatre chambres, avec « deux cheminées.

« Ces bâtiments occupent ensemble, une superficie de 141 « mètres carrés.

« Ils confrontent : du levant, à l'écluse de Nérac ;

« Du midi, à la rivière de Baïse et à tannerie d'Alexis Maillé ;

« Du couchant, à la rue du Moulin ;

« Du nord, à la dite rivière.

« 2° D'une grange en mauvais état, séparée par la rue « dudit moulin.

« Nous estimons le revenu dudit moulin et de ladite « grange, en tenant compte de la baisse du prix des grains « et des réparations indispensables à faire aux murs des « coursiers où les eaux ont fait plusieurs brèches de plus de « 10 centimètres d'ouverture, à la somme de 2,400 fr.

« Les deux tiers de cette somme appartenant au Gouver- « nement, forment celle de 1,336 fr.

« De tout ce que dessus, etc...

« Signé : J. Pérès. Gaudé,
Maire. »

Le procès-verbal d'adjudication définitive, dressé le 7 février 1810, relate qu'au premier feu, le sieur Antoine Dupouy, propriétaire à Nérac, a offert 22 900 fr. ;

Qu'au dernier feu, M. *Joseph-Mathieu-Louis* de Brissac, demeurant à Nérac, a été déclaré adjudicataire pour 23,000 fr.

Signé : Villeneuve, *Préfet*.

Descressonnière,

Receveur des domaines.

En 1814, le barrage de Batpaumes fut exhaussé de $0^{m}50$ pour faciliter aux bateaux, l'accès du port de Nérac.

Cette opération avait d'autant diminué la chûte de la chaussée de Nérac, qui était de 1 mètre 67.

M. de Brissac réclama aussitôt contre l'amoindrissement de sa force motrice. Le Gouvernement reconnut le bien fondé de sa requête et l'autorisa, le 17 août 1814, à surélever la chaussée de $0^{m}50$. La dépense atteignit 4.880 fr.

Le 14 février 1830, M. *Jean-Pierre* Bransoulié père, se rendit acquéreur du moulin pour le prix de 51,000 fr.

En regard de l'usine, sur la rive droite, se trouvait un vieux foulon complètement délabré depuis 1678. Il devint en 1701, la propriété du Bureau de Bienfaisance de Courrensan.

En 1835, lorsqu'il fut question de le réédifier, M. Bransoulié formula une opposition qui fut portée à la barre du Tribunal de première instance de Nérac. Suivant le dispositif du jugement rendu le 28 avril 1835, la jouissance des eaux de la Baïse, au droit du barrage éclusé de Nérac, était acquise audit meunier.

En conséquence, ledit Bureau de Bienfaisance, ainsi débouté de ses prétentions, vendit le foulon à son adversaire, le 28 août 1835.

M. Bransoulié profita de cet agrandissement pour ouvrir en 1837, à son moulin, deux nouveaux coursiers semblables à ceux qui existaient autrefois audit foulon. Il n'eut recours pour cette opération à aucune autorisation préalable. Deux paires de meules furent ajoutées, avec des appareils de criblage, de bluterie et d'étuvage, dans le but de fabriquer des minots destinés à l'exportation.

A la même époque (1837), une transaction intervint entre M. Bransoulié et le Gouvernement, aux termes de laquelle la propriété du barrage éclusé fit retour à l'État, à la condition que celui-ci remboursât les 4,880 fr. dépensés en 1814, par M. de Brissac, et qu'il se chargeât désormais de tous les frais quelconques d'entretien.

Le 30 août 1840, M. Baraignes père acheta le moulin de Nérac, par contrat devant Me Castaing, notaire, moyennant 100,000 fr.

Il en fit donation à son fils aîné *Jean-Benoît* Baraignes, le 16 juin 1858.

Une deuxième transaction intervint le 24 décembre 1859, entre le Gouvernement et le meunier de Nérac. D'après l'article 1er, l'usinier cédait à l'État, une superficie de 70 mètres de terrain, sur la rive droite de la Baïse, formant l'emplacement de l'ancien foulon, pour le prix de 10,000 fr. avec l'obligation expresse de n'y laisser construire aucune usine.

Le 2 décembre 1862, les droits réciproques des deux parties furent l'objet d'un règlement définitif.

Le barrage éclusé de Nérac présente :

Une longueur de.................	37 mètres	» »
Une largeur de.................	5	20
Hauteur de chûte...............	1	87
La fixation du seuil des 5 coursiers, à l'aplomb des vannes...	1	72
Le diamètre uniforme des cuves..	0	88

Tels sont, en résumé, les détails techniques relatifs au moulin de Nérac, depuis son origine jusqu'à nos jours.

LES DEUX PRINCIPAUX MOULINS DE LA GÉLISE

La Gélise prend sa source à Lupiac, au sud-ouest de Vic-Fezensac. Elle entre dans le Lot-et-Garonne à Saint-Pé, Saint-Simon (canton de Mézin) et se déverse dans la Baïse, entre Pont-de-Bordes et Lavardac.

Sa longueur totale mesure 42,620 mètres.

Sa largeur moyenne, très encaissée, 21 mètres.

Son débit moyen, 3 mètres cubes 500, un peu plus abondant que celui de la Baïse.

Elle donne la vie à 16 moulins, dont les plus importants sont fixés sur la partie inférieure à son parcours.

Il est important de suivre cette petite série au cœur d'une vallée admirable par sa fertilité et son activité industrielle.

LASSÉRENS. A 1,800 mètres de Lavardac et à 500 mètres du confluent de la Gelise navigable jusqu'au port et au barrage de LASSÉRENS, se trouve le beau moulin de ce nom.

Cette usine fut fondée au XIIIe siècle, par les religieux *de l'ordre de Saint Bernard*, fixés à Pont-de-Bordes, à cette époque. Un fragment de leur couvent y subsiste encore, sous le nom de *Maison et enclos des Bernardins*, dans la porpriété de M. Caupenne.

Le séjour de ces moines dans le pays, ne fut pas de très longue durée, car leurs biens devinrent l'apanage *des chevaliers de Saint-Jean de Jérusalem* et des *chevaliers de*

Malte, au rapport de diverses pièces de procédures enregistrées aux archives de la sénéchaussée de Condom.

D'après les papiers de la famille de Faulong, le moulin de Lasserens fut relevé de ses ruines en 1724.

A cette date, il appartenait par indivis, moitié à l'ordre *de Malte*, représenté par le chevalier Bailly, *commandeur d'Argentens*,

Et moitié à M. Daulhième, avocat domanial au siège de Nérac.

Par contrat du 30 janvier 1733, *Joseph Daulhième*, fils du précédent, céda tant en son nom qu'en celui de sa sœur, damoiselle *Brune* Daulhième, et ce, à titre d'échange, le quart du moulin de Lasserens, c'est-à-dire la moitié des droits de sa famille, au sieur *Nicolas* Faulong, habitant le bourg de Barbaste.

L'autre quart, de la famille Daulhième, ayant passé à *Jacques* Mourleau, bourgeois de Nérac, celui-ci le vendit par forme de licitation et pour le prix de 14,000 livres à *Nicolas* Faulong du Bosq, le 28 janvier 1778.

L'indivi ion par moitié, entre M. Faulong et le commandeur d'Argentens, fut maintenue jusqu'après la Révolution de 89.

A cette époque, elle cessa par la réunion des biens du clergé au domaine national, ainsi qu'il appert du document officiel suivant, déposé aux Archives de la Préfecture d'Agen.

« L'an IV de la République française, une et indivisible et « le 2e jour de fructidor.

« En conformité de la loi du 8 août 1793 (vieux style) et « de l'arrêté du Directoire de Lot-et-Garonne, du 14 du

« mois dernier, relatif à la visite des moulins nationaux, à « faire par les ingénieurs, avant de passer à leur aliéna- « tion.

« Nous Charles Leroy, ingénieur ordinaire des ponts et « chaussées du département susdit,

« Nous sommes rendu au moulin de Lassérens, en la com- « mune de Lavardac, sur la rivière de Gelise, pour exami- « ner sa situation et son établissement. La moitié du dit « moulin appartenant ci-devant à l'ordre de Malte et l'autre « moitié au citoyen Faulong, de Barbaste.

« La moitié appartenant à la Nation étant soumissionnée « par le citoyen Géraud Mellac, officier de santé.

« Pour procéder légalement à la visite du dit moulin, « nous avons invité le citoyen Monthus, agent de la com- « mune à Lavardac, à nous accompagner dans cette opéra- « tion — ce qu'il a bien voulu faire — nous avons opéré « comme suit :

1° Après avoir pris les dimensions du dit moulin de Las- « sérens, nous avons trouvé qu'il a 36 pieds de longueur et « 48 de largeur — le tout hors d'œuvre, renfermant six « meules et un grenier au-dessus — le tout en assez bon « état ;

« 2° A Environ 30 toises au levant, du dit moulin, se « trouve la maison du meunier, de 60 pieds de longueur et « de 33 de largeur, renfermant plusieurs chambres et un « grenier au-dessus,

« Le tout ayant besoin de quelques réparations ;

« 3° La chûte d'eau retenue par la digue est d'environ « 8 pieds ; elle ne peut en avoir moins, attendu que les « mêmes eaux d'un coursier font tourner deux meules ;

« 4° Cette haute retenue d'eau ne nuit point au moulin de

« Barbaste, situé à environ 300 toises de distance ; il s'en « faut de plus de 6 pouces que le reflux s'y fasse sentir ;

« 5° La digue est bien établie et bien entretenue, princi- « palement aux abords du moulin ;

« 6° Enfin, le bief, au-dessus du dit moulin, comprend « toute la largeur de la rivière. Il est très beau, sans nuire « aucunement aux terrains environnants, entre le pont de « Barbaste et Lassérens. La rivière y est très encaissée par « les côteaux escarpés et taillés à pic sur les bords.

« N'ayant rien reconnu au susdit moulin qui puisse nuire « au public, ni aux propriétés environnantes et sur ce qu'on « nous a rapporté qu'il est très utile aux habitants du can- « ton et au commerce,

« Nous déclarons que le susdit moulin doit être conservé « et qu'on peut passer l'acte de propriété de la moitié, au « citoyen Mellac, soumissionnaire, le tout conformément à « la loi du 28 ventôse dernier.

« Fait à Barbaste, les jour, mois et an que dessus.

Signé : LEROY.

MONTHUS aîné. MELLAC.

« Vû par nous, administrateurs municipaux de Nérac, sec- « tion de la campagne.

« A Nérac, le onze fructidor an IV, de la République.

« Signés :

LESPIAULD, *président*.

DEFFÈS.

MONTHUS, aîné.

DECAMP, *secrétaire*.

« Vû et ordonné la vente, en séance de l'administration « centrale le 14 fructidor an IV. »

L'estimation, d'après les livres de comptabilité de 1790 est ainsi résumée :

1° Revenu du moulin, multiplié par 18, d'après la loi de 1790	3.000 liv.	fournit un capital de	54.000 liv.
2° Logement du meunier...	45 liv.	—	108
3° Revenu d'une cartelade de sable.......	15 liv.	—	330
Totaux des revenus.	3.060 liv.	Du capital.	55.140 liv.

Le projet de vente avec le citoyen Gérard Mellac fut annulé.

Le 25 frimaire an VII, l'Autorité départementale signa l'acte d'aliénation en faveur du citoyen Faulong du Boscq, déjà propriétaire de l'une des moitiés indivises, pour le prix de 66,960 livres, — L'immeuble entier ayant été estimé 133,960 livres.

En 1816, le moulin fut agrandi d'un 4e coursier pour mettre en activité deux nouvelles meules.

En 1848, MM. Caupenne, fils frères, de Buzet, achetèrent l'usine au prix de 155,000 fr.

Ils y firent adapter en 1855, une roue hydraulique de 30 chevaux de force, ayant le commandement des appareils de criblages, de bluterie et de l'étuve, entièrement renouvelés.

Deux belles maisons d'habitation, avec de vastes magasins, écuries et décharges y furent ajoutés pour remplacer le petit logement de l'ancien meunier.

En janvier 1864, M. EDMOND CAUPENNE, devenu seul tenancier de l'immeuble, en confondit la propriété évaluée 300,000 fr. avec les apports de la *Société des Moulins d'Henri IV*, qu'il fonda à ce moment et dont il eut, pendant plusieurs années, la gérance.

Lorsque cette Société, sous la direction de M. CODERC, toucha à l'heure de sa liquidation, le moulin de Lassérens fut mis aux enchères en décembre 1880 et adjugé pour 75,000 fr. à M. *Conches*, banquier à Condom et l'un des administrateurs.

Cette usine, qui était devenue une minoterie de 1er ordre, avec M. *Edmond Caupenne*, possède une belle chûte de 3 mètres 45, et une puissance hydraulique constante de 60 chevaux de force.

BARBASTE.

A 450 mètres en amont de Lasséreus, après avoir remonté et franchi deux fois la Baïse, d'abord sur un viaduc neuf d'une seule travée en maçonnerie et ensuite sur un vieux pont de 7 arches, en plein cintre, le regard est frappé de la majesté des 4 tours, du moulin de BARBASTE.

Cette usine paraît devoir son origine aux moines de l'ORDRE DE CITEAUX, qui occupèrent, vers la fin du XIIe siècle, le territoire de *Bidaouchoun* (lisez Barbaste) considéré comme un poste stratégique, au défilé des vallées de la Gélise et de la Baïse.

Ces religieux y bâtirent l'une des 72 maisons de leur ordre et la flanquèrent de quatre tours de hauteurs inégales donnant lieu à la légende des 4 premières filles de leurs établissements.

Au XIVe siècle, le moulin, avec les droits seigneuriaux de pêche et de péage sur le pont, devint la propriété des BÉNÉDICTINS *de Condom*.

A la suite d'une transaction transcrite, au siècle suivant, dans le *répertoire de l'ancien trésor d'Albret*, le moulin des Tours fut incorporé au *domaine des ducs d'Albret* en échange de divers avantages concédés auxdits religieux.

A partir du xve siècle et jusqu'en 1810, cette usine fortifiée commandant les gorges des Landes et de l'Armagnac, demeura rattachée aux biens de la Couronne.

Un decret impérial du 3 janvier 1809, ordonna son aliénation au profit de l'Etat.

En conséquence, un arrêté préfectoral du 27 septembre de la même année, chargea le sieur Jean Pérès, géomètre arpenteur de Nérac,* avec l'assistance de M. Gaudé maire de la même ville, de procéder à une estimation, avant l'ouverture des enchères.

Le procès-verbal de cette visite fut dressé le 29 novembre 1809. Il est déposé aux Archives de la préfecture d'Agen sous le n° 11 et contient littéralement ce qui suit :

« Le moulin à eau de Las Tous est situé, ainsi que ses « dépendances, dans la commune de Nérac, sur la rive droi- « te de la Gélise.

« Il est composé de quatre tours très élevées et très bien « bâties.

« Dans l'une de ses tours est une meule à moudre du « grain.

« A côté de ces tours et attenant du côté du couchant, est « un emplacement où sont deux autres meules, au même « usage que la précédente.

« Le dessus de ce bâtiment est sans plancher et consé- « quemment inhabité.

« A ce bâtiment et du côté du Midi sont joints le logement « du meunier et l'écurie.

« Les bâtisses qu'occupent le moulin sont d'une superficie

« de 308 mètres carrés, et le logement du meunier et de « l'écurie de 150^{m}, ce qui fait ensemble une contenance « de 4 ares 50 centiares.

« Une pièce de terre dépend dudit moulin. Elle confronte « au levant et au nord, à vigne du sieur Cazeau, du midi et « du couchant, au chemin de Barbaste à Nérac, de la contenance de 37 ares.

« Nous n'estimons le revenu des objets ci-dessus désignés « qu'à la somme de 1,900 fr. attendu que le moulin ne tra« vaille guère que pour la minoterie, qui depuis quelque « temps ne fait presque rien.

« En tout ce que dessus, nous avons fait et rédigé le pré« sent que nous affirmons sincère, ayant employé une jour« née, fourni le papier timbré et payé l'enregistrement.

« Et à M. le Maire susdit signé avec nous : J. PERES

« GAUDE, *maire* Reçu 1 fr. 10.

« Enregistré à Nérac le 12 décembre 1809,

« Signé : *illisible.* »

Procès-verbal d'adjudication définitive le 16 juin 1810, du moulin de Las Tous :

« Nous Préfet de Lot et Garonne, au lieu ordinaire de nos « séances, nous avons fait annoncer, en présence de M. le « directeur de l'enregistrement et des domaines, que d'après « la publication du 18 mai dernier et d'après le procès verbal « de la première séance d'enchères du 9 de ce mois, il allait « être procédé à l'adjudication du moulin des Tours de « Barbaste et dépendances.

« En conséquence, nous avons fait allumer un premier feu « pendant la durée du quel, il a été offert par le sieur Gibert « aîné, la somme de 28 900 fr.

« Plusieurs personnes ont successivement surenchéri pen-

« dant les feux suivants, et lors de l'extinction du dernier de « ces feux, le sieur *Jean* Imbert aîné, a porté le prix à la « somme de 34,800 fr.

« Et de suite, il a été allumé un 10e feu, lequel s'étant « éteint sans qu'il se soit fait aucune enchère,

« Nous avons adjugé à mon dit sieur Imbert aîné, demeu- « rant à Barbaste, les biens désignés dans le présent procès « verbal.

« Le sieur Imbert s'est réservé la faculté de faire élection « de command dans le délai de la loi.

Signés : Vignes, pour le Préfet. Imbert aîné.
conseiller de préfecture,
Descressonnières.

« Et à l'instant, le sieur Jean Imbert nous a déclaré faire « élection de command en faveur du sieur *Jean-Joseph* Ader, « aîné, pourvoyeur des boucheries, domicilié à Bayonne et « vouloir le substituer en son lieu et place dans l'adjudica- « tion ci-dessus. »

Le moulin de Las Tous, absolument délabré à l'intérieur, fut revendu par M. Ader, le 20 juin 1821, pour la somme de 40.000 fr. à MM. Sauriac frères.

Les nouveaux tenanciers s'appliquèrent à faire disparaître les ruines en contruisant une superbe maison d'habitation où l'on admire une charmante galerie dominant le joli bassin de la Baïse. Après y avoir apporté des améliorations sans nombre, ils cédèrent ce bel immeuble, le 14 avril 1844, à MM. Aunac et fils pour 7/12e et à M. Rémy fils aîné pour 5/12e moyennant le prix de 143.000 fr.

Ces derniers, banquiers à Agen, revendirent le moulin et ses dépendances, le 11 février 1848, à M. *Antoinin* Bransoulié, fils aîné du meunier de Nérac, pour 150.000 fr.

Le nouveau propriétaire consacra tous ses efforts a la

transformation industrielle de son usine. Il y ajouta une magnifique turbine du système Fontaine, de Chartre, pour commander 8 paires de meules assises, au rez-de-chaussée, sur un beffroi spécial.

Il affecta l'un des anciens tournants à la conduite des nettoyages, des bluteries et de l'étuve nouvelle à cylindres inclinés et à mouvements continus, dont son père était l'inventeur, d'après un brevet de 15 ans, délivré en 1842.

M. Bransoulié crut utile d'augmenter la force motrice par l'adjonction d'une machine à vapeur de 60 chevaux, afin de suppléer à l'insuffisance des moteurs hydrauliques durant le bas étiage de la Gélise.

Le 17 juillet 1849, il demanda l'autorisation d'établir une passerelle en fil de fer, de 5 mètres au dessus de la chaussée, pour relier le moulin des Tours à celui de Bidaouchoun, sur la rive opposée.

« Considérant, disait l'arrêté préfectoral, que la Gélise n'é- « tait à ce point, ni navigable, ni flottable, l'autorisation était « accordée le 28 septembre 1849. »

Le misérable immeuble vendu en 1810, devint à ce moment une splendide résidence, digne de la renommée du grand Prince dont on rappela plus que jamais le souvenir ; aussi n'est-il pas étonnant qu'il ait été vendu le 5 janvier 1864, à la Société en formation des *Moulins d'Henri IV*, pour la somme de 280,000 fr. y compris le magasin de Nérac.

Sous la haute direction de M. *Edmond* CAUBANNE, de 1865 à 1872, l'exploitation du moulin de Barbaste, assortie à celle de Lasserens, s'éleva à l'apogée de l'importance de l'industrie minotière dans le midi de la France.

Montée au capital de 1.200.000 fr l'entreprise des *Moulins d'Henri IV*, convertit, par an, en farines jusqu'à 185.000 hectolitres de blés indigènes. Elle obtint à l'exposition universelle de Paris, en 1867, la grande médaille réservée à sa section.

Précédemment, M. Bransoulié fils aîné avait obtenu aux expositions générales de Paris :

Une médaille d'argent de 1re classe, en 1855

Et un 1er prix, médaille d'or, en 1856.

Un avenir des plus plus prospères semblait appartenir à cette compagnie, lorsque M. Edmond Caupenne crut devoir en abandonner la gérance.

A partir de la retraite de son éminent fondateur, la Société marcha à grands pas vers sa décadence, vers une liquidation générale.

Elle eut lieu le 4 décembre 1880, par la mise aux enchères des usines.

M. *Léon* Conches, banquier à Condom et l'un des chefs de la Société, se rendit adjudicataire de *Las Tous* pour 36.000 fr.

Il revendit l'usine le 22 avril 1885 comme une épave de naufrage pour 42.500 fr., à MM. Duprat et Ducasse, de Barbaste.

On est heureux de le dire : l'estampe du roi Henry qui avait eu de 1848 à 1872, la plus brillante des fortunes est loin d'avoir sombré.

Le travail a vaillamment repris depuis 1885, sur une moindre échelle, avec une prudence bien calculée, grâce à l'outillage de toute sorte qui y était attaché.

La vieille enceinte des religieux Bénédictins a été réparée avec soin, aussi les tenanciers actuels, moins ambitieux que leurs devanciers, se contentent-ils de maintenir la bonne renommée traditionnelle, afin d'y faire douce farine.

Leur tâche est sans doute difficile, à raison de la crise extraordinaire provoquée par l'introduction du libre échange en 1860.

Une expérience de 27 années démontre que l'importation de blés exotiques, même surtaxés de 5 fr. par hectolitre à leur entrée, a bouleversé complètement la base des calculs de la meunerie française et notamment celle de notre zône méridionale.

Les statistiques des récoltes indigènes et spécialement celle du bassin de la Garonne, qui servaient de mobile aux transactions de notre meunerie, n'offrent plus aujourd'hui, que des renseignements relativement secondaires.

La Bourse de New-York gouverne les mouvements, les oscillations de hausse et de baisse. Par transmissions télégraphiques, les prix des marchés américains sont publiés et acceptés comme une sorte de niveau universel.

A un autre point de vue, les progrès merveilleux de la mécanique moderne entraînent la rénotion de l'outillage antérieur. Les rouets à cuve et les meules à silex de Domme et de la Ferté, qui ont rendu de si longs services, disparaissent peu à peu devant l'application graduelle des turbines et des cylindres.

Mais chose utile à noter, plus la force motrice de nos usines grandit et plus s'abaisse la quotité des blés récoltés dans l'Agenais, la Gascogne et le Quercy. La réduction des assolements consacrés aux céréales s'affirme comme le résultat du bas prix des froments ne couvrant plus les frais de culture, par suite de la concurrence étrangère et de la cherté croissante de la main d'œuvre.

La conversion des terres labourables en vignobles et surtout en prairies naturelles et artificielles, a pour conséquence l'amoindrissement annuel du stock des blés du pays et l'impossibilité de suffire aux approvisionnements habituels de la meunerie.

Les besoins journaliers de la consommation contraignent donc nos minotiers à prendre, à dater du mois de mai jusqu'au 15 août, l'effectif de leur fabrication, en blés exotiques importés à Bordeaux.

Ils ne sauraient faire autrement sous peine de chômer.

La remonte en rivière de ces matières premières, est très onéreuse par l'effet des tarifs exhorbitants tolérés sur les canaux du Midi.

On ne saurait trop réclamer la révision des privilèges accordés à la Compagnie du chemin de fer qui monopolise à son gré, les principales artères de la navigation.

En résumé, le tableau des évolutions parcourues par la meunerie de Nérac, depuis l'établissement des moulins et des payssières au XIIIe siècle, est digne de captiver l'esprit des économistes.

A un moment donné, les quatre principales marques de Nérac, celles de MM. Coumeau, Caupenne, Bransoulié et Baraignes, rivalisaient et imitaient honorablement, à la Bourse de Bordeaux, les quatre grandes marques de l'ancien marché aux grains et farines de Nérac, celles de MM. Darblay et consorts.

L'émulation entre les chefs et les ouvriers de la même industrie ne saurait être oubliée.

En rappellant ces glorieux souvenirs, les minotiers de Nérac auront à cœur de rester fidèles à leur devise : Progrès et noblesse obligent.

JULES SERRET,

Lauréat et membre correspondant
des Académies Nationales des Sciences, Inscriptions et Belles Lettres
de Bordeaux, Nantes, Toulouse, etc.

Agen, Imprimerie Ve Lamy.

www.ingramcontent.com/pod-product-compliance
Lightning Source LLC
LaVergne TN
LVHW020245230826
846091LV00006B/2251

* 9 7 8 2 0 1 9 4 7 5 5 4 3 *